AUTOUR DE CHRISTA WOLF

*AUTOUR DE CHRISTA WOLF*
*Tome 2*

*Réflexions littéraires, historiques et politiques de 1968 à 2011*

Avec des pistes pour la préparation des examens d'allemand niveau B2/C1

© 2014, Schnell
Edition : BoD - Books on Demand
12/14 rond-point des Champs Elysées
75008 Paris
Imprimé par BoD – Books on Demand, Norderstedt, Allemagne
ISBN : 9782322034765
Dépôt légal : janvier 2014

Cet ouvrage fait suite à une publication précédente, parue chez BOD en 2012 sous le titre *Autour de Christa Wolf. De Cassandre à Max Frisch.*

Nous souhaitons aborder deux œuvres majeures de Christa Wolf. Le roman *Christa T,* dont la première édition date de 1968, et le récit posthume *August,* paru en 2012. Ces deux récits se rejoignent par leurs thématiques sur la guerre et la recherche d'identité.

Christa Wolf a également joué un rôle majeur durant les événements de la Réunification allemande en 1989. Ces aspects seront mis en lumière dans une contribution en langue allemande.

**L'auteur**
Traductrice et formatrice indépendante à Mulhouse. Membre de l'Institut de Recherches en Langues et Littératures européennes de l'Université de Haute-Alsace.
Doctorat en études germaniques à l'Université de Mulhouse et de Leipzig sur l'œuvre de Christa Wolf.

MARTINE SCHNELL

# AUTOUR DE CHRISTA WOLF

*Réflexions littéraires, historiques et politiques*
*de 1968 à 2011*
**Avec des pistes**
**pour la préparation des examens d'allemand**
**niveau B2/C1**

Décembre 2013

*SOMMAIRE*

## Avant-propos

Cet ouvrage fait suite à notre précédent livre, paru chez BOD en 2012 sous le titre *Autour de Christa Wolf. De Cassandre à Max Frisch.*

Nous souhaitons aborder deux œuvres majeures de Christa Wolf. Le roman *Christa T,* dont la première édition date de 1968, et le récit posthume *August,* paru en 2012. Ces deux récits se rejoignent par leurs thématiques sur la guerre et la recherche d'identité.
Christa Wolf a également joué un rôle majeur durant les événements de la Réunification allemande en 1989. Nous mettons ces aspects en lumière dans une contribution en langue allemande.

En effet, afin de mettre en avant l'interculturalité, nous avons choisi de mêler les langues françaises et allemandes, tout au long de ce livre.
Enfin, certaines pistes de cet ouvrage permettent à toute personne intéressée par une préparation aux certifications d'allemand niveau B2/C1, de tester ses connaissances.

Mulhouse, décembre 2013.

Martine Schnell

**Lecture du roman *Christa T.***

Christa T. (1968), est un livre éclectique. L'histoire de Christa T. y est relatée de manière rétrospective. Christa T. est décédée précocement, et cette rétrospective permet d'évoquer tout d'abord, la thématique de la recherche d'identité. Un second aspect, est la mémoire en tant qu'objet du processus narratif, ce qui permet de mettre en avant les thèmes de la maladie et de la mort. Enfin, nous pouvons évoquer certains aspects de la société est-allemande des années 1950. En ce sens, le roman permet d'entreprendre une réflexion historique et politique.

1. Le processus identitaire

a) Considération préliminaire et incipit

Evoquons la considération préliminaire effectuée par Christa Wolf au début de son roman et qu'elle signe de ses initiales C.W. Ainsi, nous pouvons immédiatement soulever la question de l'identité du personnage de roman Christa T. Il y est en effet mentionné que Christa T. serait un personnage purement littéraire, mais que néanmoins, certaines citations provenant de journaux intimes seraient authentiques. Le lecteur se trouve donc dans l'incertitude. Christa T. est-elle un personnage réel ou fictif ?

Nous pouvons nous demander aussi, si ce personnage a une valeur historique. Plusieurs hypothèses répondent à cette question. La première serait une recension du germaniste Hans Mayer[1], qui fut le professeur de littérature de Christa Wolf à Leipzig. Dans cette recension, Hans Mayer croit se souvenir d'une étudiante analogue à Christa T. et à son travail de fin d'études sur Theodor Storm, qui est évoqué dans le roman de Christa Wolf. La seconde hypothèse émane de Christa Wolf. Dans un texte écrit et diffusé avant la publication de son roman, celle-ci écrit que la raison l'ayant poussé à écrire ce roman était la mort prématurée d'une amie de jeunesse[2].

---

[1] Voir la recension in: Manfred Behn (Ed), *Wirkungsgeschichte von Christa Wolfs „Nachdenken über Christa T."*, Königsstein, Athenäum, 1978, p. 89-95.
Hans Mayer (1907-2001) était un chercheur en littérature allemande et sciences sociales. Voir notre article : « Parcours-labyrinthes. Hans Mayer et Christa Wolf, vers une approche des évolutions psychologiques en RDA », CRELIANA, n° 6, «Babel – Labyrinthe. Destins (post-) modernes de deux mythes », Université de Mulhouse, 2006, p 193-198.
[2] Christa Wolf, *Selbstinterview*, in : Angela Drescher (Ed.) *Dokumentation zu „ Nachdenken über Christa T."*, Munich, Luchterhand Literaturverlag, 1991, p. 29-31. La critique Therese Hörnigk va plus loin. Elle cite le nom d'une amie d'enfance de Christa Wolf, se nommant Christa T., disparue de manière prématurée, in Therese Hörnigk, *Christa Wolf,* Göttingen. Steidl, 1989.

b) A propos de la structure du roman

Le roman se subdivise en vingt chapitres, ce que l'on pourrait schématiser ainsi :

∞ Chapitres 1 à 3 : 24 ans (1928-1951)
∞ Chapitres 4 à 12 : 4 ans (1951-1955)
∞ Chapitres 12 à 14 : 1 an (1955-1956)
∞ Chapitres 15 à 17 : 6 ans (1956-1961)
∞ Chapitres 18-19 : 2 ans (1961-1962)
∞ Chapitre 20 : 1 an (1963).

Le style de Christa Wolf se caractérise aussi par les transitions en début et fin de chapitre. En effet, la première phrase d'un nouveau chapitre reprend l'idée de la phrase de fin du chapitre précédent.

c) Les relations entre auteur, narrateur et personnage

Nous avons évoqué cette question précédemment en analysant la remarque préliminaire de l'auteur. Le lecteur aura remarqué que la narratrice reste presque anonyme. On ne sait pas comment elle s'appelle. Le plus souvent, elle utilise le JE ou le NOUS. L'œuvre contient quelques indications, nous informant qu'elle est vraisemblablement d'un an plus jeune que Christa T, étant donné que Christa T. devait redoubler une classe. En 1963, lors du décès de Christa T., la narratrice avait environ trente-cinq ans. Elle a fréquenté l'école avec Christa T. ainsi que l'université à Leipzig.

En tant que mère et femme mariée, Christa T. mène une activité d'écrivain.

Le texte renferme aussi d'autres indications permettant de reconstituer la biographie du personnage Christa T. Ainsi, Christa T. serait née en décembre 1928 à Eichholz près de Friedeberg/Neumark. Elle est la seconde fille du professeur d'allemand T. à tendance socialiste (une fausse couche a aussi été évoquée). Elle change d'école et c'est en 1944 qu'elle vient dans la classe de la narratrice. Les deux camarades d'école se séparent durant les vacances de Noël de la même année et vont se perdre de vue début 1945, à cause de la fuite face à l'armée russe. Christa T. travaille pour l'armée russe, pour la confection d'uniformes, mais elle doit abandonner ce travail pour cause de problèmes de santé. Elle exerça alors, en tant que professeur au domicile de son père, pendant trois ans, jusqu'en 1948. Les deux camarades se retrouvent par hasard à l'université de Leipzig. Elles y étudient la germanistique et la pédagogie de 1951 à 1954. A cette période, Christa T. commença à écrire, mais les signes d'une maladie furent bientôt visibles. Christa T. a traversé une crise, lorsque Kostja, un étudiant, n'a pas voulu débuter une relation avec elle. Après ses études, elle fut enseignante à Berlin. La même année, elle se maria avec le vétérinaire Justus. En 1956, est née sa première fille, Anna. Trois ans plus tard, sa seconde fille Lena suivra. Durant l'été 1960, Christa T. fera un voyage à la mer Baltique, puis, un an plus tard, en Bulgarie. Elle rend visite à la famille de la narratrice à Berlin. Elle planifie de construire sa propre maison, En 1961/62, Christa T. passe la nuit de la St-Sylvestre à Berlin chez la narratrice. En 1962, Christa T. est hospitalisée pour leucémie. Au printemps, elle s'installe dans sa nouvelle maison, au bord de la mer. En automne, son troisième enfant est né. Puis, en hiver, elle est à nouveau hospitalisée. Son état empire et elle meurt en févier 1963.

## 2. Le caractère de Christa T.

Déjà dans le chapitre 1, Christa T. est présentée comme une étrangère. Elle semble désintéressée. Lors d'une sortie au cinéma avec sa classe, elle pousse un curieux cri. Ce moment est évoqué à plusieurs reprises dans le roman. La narratrice le considère comme le véritable début de leur amitié. A ce moment, Christa T. montre son identité réelle. Elle est décrite comme intemporelle et instable. Cette instabilité caractérise d'autres personnages du roman comme Blasing, un étudiant. C'est une étape nécessaire à la réalisation de soi. Dans ce contexte, Christa T. est aussi à la recherche de l'idylle, qui lui permet de mieux appréhender l'avenir. La narratrice décrit la nouvelle maison de Christa T. ou des scènes à la campagne comme étant idylliques. Christa T. ressent des sentiments contradictoires et doute beaucoup d'elle-même. A la fin de ses études, elle se sent redevable à la société, qui lui donna l'opportunité de faire des études.

Pour s'en sortir, Christa T. s'est forgée un leitmotiv :
« Dire que je n'arrive à dépasser les choses qu'en
écrivant. » C'est une phrase clef du roman.

### 3. L'acte d'écriture

La progression de Christa T. en tant qu'auteur semble
plutôt difficile. Dans ses pensées, le lecteur peut
confondre Christa T. avec Christa Wolf. Elle est ce qu'a
voulu devenir son personnage : écrivaine. Christa T. se
trouve en conflit avec la société de la RDA et en souffre.
Mais depuis l'enfance, elle a le désir de devenir
« poétesse ». Ses esquisses littéraires ne sont restées que
des fragments. L'écriture est son secret. Après son décès,
son mari remet ces fragments à la narratrice.

Christa T. se base sur des modèles littéraires comme
Theodor Storm, auquel elle consacre un mémoire lors de
ses études de germanistique. Elle sera aussi influencé par
les Romantiques comme Bettina von Armin ou les
auteurs modernes tels Brecht ou Ingeborg Bachmann.
Christa T. se limite à une écriture fragmentaire ou
épistolaire.

En ce sens, on peut se demander, quels sont les
motivations de Christa T. pour l'écriture. Une première
hypothèse, serait, comme le mentionne le texte « la peur
de disparaître sans laisser de traces », car le papier
couvert d'écrits sera conservé. Mais Christa T. ne révèle
pas son activité d'écriture à cause de la censure. Une

seconde hypothèse est l'incapacité que ressent Christa T. à décrire les choses comme elles sont. Par l'écriture, Christa T. décrit la réalité, mais laisse aussi libre court à son imagination. Ainsi, l'écriture est un facteur important dans la société et deviendra un acte habituel. Mais l'écriture contribuera avant tout à l'accompagner sur le long chemin vers soi-même[3].

Ce long chemin sera parsemé d'embûches et d'hésitations. Cela se reflète aussi dans le langage. Ainsi, le narrateur fait usage de plusieurs expressions comme : «En vérité », « Une fois pour toutes », « oui », « si », et remarque souvent que l'essentiel ne pouvait se raconter.

## 4. Le féminisme : la représentation de l'amour et du mariage

Une citation issue du roman est très importante :
„Was fehlt der Welt zu ihrer Vollkommenheit ? Zunächst und für eine ganze Weile dies: die vollkommene Liebe"[4].

Cette citation démontre que Christa T. recherche l'amour absolu. Pourtant, elle hésite à franchir le pas du mariage, car elle poursuit une sorte d'idéal, consistant à laisser

---

[3] „Der lange nicht enden wollende Weg zu sich selbst" déclare Christa T. dans le roman.
[4] *Nachdenken über Christa T.*, DTV., 6e éd., 2000 , p. 62. (Je traduis: „Que manque-t'il au monde, afin qu'il soit parfait? Tout d'abord et pour un long moment : l'amour parfait ».

derrière soi ce que l'on connaît et à rester ouvert à de nouvelles expériences[5].

Christa T. est une femme émancipée. Elle aura une aventure, qui ne durera que l'espace d'un été. C'est durant ses études, qu'elle fera surtout une expérience intéressante. Elle fit la connaissance de Kostja, qui considéra leur relation comme un jeu, étant donné que sa virginité le protège. Inge a été la rivale de Christa T., ce fut donc une relation triangulaire.

Puis, elle fit la connaissance de Günter, ce qui permet d'analyser la société socialiste, en parallèle. En analysant une pièce de Schiller, Günter affirme, qu'un amour malheureux ne vaut plus la peine d'envisager le suicide. C'était une situation fréquente en RDA, lorsque les personnes ont fui à l'Ouest. Christa Wolf thématise ce problème dans son roman *Le ciel partagé*, paru en 1963. Dans ce roman, le personnage de Rita se retrouve à l'hôpital, après le départ de son ami Manfred.

Finalement, Christa T. se maria avec le vétérinaire Justus. Le narrateur met en évidence qu'elle prendra en compte l'avantage d'être une femme. Lors de sa vie de couple, Christa T. essaie de tout reprendre du début. Prise dans les doutes, Christa T. consultera un medium, un ancien général, qui lui conseilla d'éviter ce mariage.

---

[5] *Ibid.* p. 45.

Christa T. craignait que le mariage l'empêche d'écrire. Elle rêva d'une maison dans la nature avec une pièce à elle, pour écrire. Ce rêve s'est réalisé, mais a été brisé par la maladie. Christa T. décédera de la leucémie.

## 5. La maladie et la mort

### a) Une maladie physique ou une maladie sociale

Tout au long de son existence, Christa T. se trouva dans un déchirement intérieur. Elle voulait vivre des choses dans cette société, mais était toujours confrontée à des limites. Christa T. se plaint de sa propre vie.

Lorsqu'elle était étudiante, elle fut déjà malade. Le médecin de l'époque avait fait le juste diagnostic : le désir de mourir. Une névrose et des difficultés d'adaptation. Christa T. ne peut pas s'intégrer à la société et recherche même un détour : le suicide. Elle l'évoqua dans une lettre adressée à sa sœur[6].

Ainsi, la maladie de Christa T. est également une maladie sociale. La narratrice évoque le décès de Christa T. et c'est ce décès, qui inspira Christa Wolf pour l'écriture de ce roman[7].

---

[6] *Nachdenken über Christa T., S.* 72.
[7] Christa Wolf, *Gespräch mit Hans Kaufmann*, in: *Wirkungsgeschichte von Nachdenken über Christa T.*, Manfred Behn (Ed.), *op. cit.* p. 179.

6. Portée politique du texte

a) La société est-allemande des années 1950

Le personnage de Christa T. permet au lecteur de reconstituer le climat politique de cette période. Le leitmotiv de cette période était le suivant : en RDA, une nouvelle société plus humaine doit voir le jour.
Les difficultés d'adaptation de Christa T. reflètent l'idéologie et le climat positif de la RDA. Toutefois, la narratrice semble avoir confiance en cette société.

Pourtant, Christa T. s'écarte de l'idéologie, notamment en lisant des livres de Dostoïevski, alors que ces livres étaient interdits en RDA ; Christa T. semble être étrangère à la réalité et ne peut s'adapter à la société.
Dans le roman de Christa Wolf, les dialogues sont rares, mais deux entretiens de Christa T. avec des directeurs d'écoles sont reproduits. Ainsi, les clivages d'opinion se font jour. Dans ce contexte, Christa T. peut comparer les discours des directeurs avec son rêve.
Les années 1950 furent des années d'enthousiasme. Mais cette ardeur cachait aussi un jeu de dupes.
Un évènement majeur est évoqué : le soulèvement de la Hongrie en 1956[8].

---

[8] Ce soulèvement fut une insurrection prolétarienne contre le stalinisme.

Finalement, la narratrice conçoit les années 1950 comme une époque de soumission. Les personnes se cachaient derrière leurs « figures de carton /Papptaffel ». Elles dissimulaient leur véritable personnalité pour s'adapter. La société n'était qu'un rouage. Ce qui explique que le caractère différent de Christa T. n'avait pas sa place dans ce monde. Pourtant cet environnement paraît utopique : la narratrice souligne qu'il existait vraiment, non seulement dans les têtes, mais le début de ce monde était bien réel[9].

b) Assumer le passé

Dans une contribution sur le roman *Trame d'enfance* de Christa Wolf, l'écrivain Heinrich Böll nous donne une définition du terme *Vergangenheitsbewältigung* (gestion du passé, travail sur l'histoire) :
« Le terme cruel et brutal de *Vergangenheitsbewältiung,* dont personne ne sait vraiment d'où il vient est aussi surprenant que cela puisse paraître, associé au terme de « conscience historique ». Que signifie s'intéresser à l'Histoire, sinon une tentative de « travailler » sur le passé, de retrouver ses origines et assumer ses conséquences. Et les sources de l'historien, constitue la

---

[9] *Nachdenken über Christa T.,* p. 53.

mémoire pour l'auteur, qu'il confronte à des faits *objectifs* ».[10]

Christa T. est un personnage en conflit avec la société. Et une des raisons, est qu'elle s'efforce d'assumer le passé, et particulièrement la guerre et le nazisme. Celle-ci est évoquée au début du roman. Le jour de l'attentat contre Hitler, le 20 juillet 1944, Christa T. porta un brassard noir, comme tous les élèves de son école. Puis, à dix-ans, elle prit la fuite et se retrouva avec d'autres personnes dans un restaurant de village. C'est là qu'elle décida de ne plus effectuer le salut hitlérien. Elle n'adhère plus au régime.

Pendant la guerre, Christa T. doit effectuer des travaux agricoles sous les ordres de l'armée soviétique. Elle ne le supporte pas et devient malade. Après la guerre, elle retrouve son amie d'enfance à l'université. Leurs conversations sont difficiles, car elles n'arrivent pas à exprimer ce qu'elles ont vécu. Avant tout, elles craignaient les « autres », ces adultes, qui ont participé au régime nazi. Christa T. brûlera aussi ses journaux intimes datant de l'époque de la guerre. Elle éprouvera une culpabilité, d'avoir été trop jeune et trop innocente. Pour intensifier cette notion d'innocence et de prise de conscience, Christa Wolf utilise l'image d'un cavalier, qui tombe de son cheval et va mourir, lorsqu'il découvre

---

[10] Heinrich Böll: *Wo habt ihr bloss gelebt?*, in *Christa Wolf, Materialienbuch*, a.a.O., p.7-16. Traduction française de la citation, Martine Schnell.

son passé[11]. Cette innocence concerne toute la génération de Christa Wolf, née en 1929. C'est une véritable problématique générationnelle. La jeunesse de cette génération l'ayant empêchée d'être consciente de la signification de la guerre.

Dans ce contexte, afin de pouvoir construire une société nouvelle en RDA, assumer son passé fut une étape indispensable pour toute une génération.

Le roman *Christa T.* permet ainsi de mieux cerner les rouages de la société est-allemande pour la génération de Christa Wolf. La parution de ce livre fut également très marquée par la censure. Cette thématique sera évoquée dans la contribution suivante, en langue allemande.

---

[11] Cette image utilisée par Christa Wolf, est issue d'un poème de Gustav Schwab.

## Die Rolle der Zensur und die Wirkungsgeschichte von *Nachdenken über Christa T.*

Die Schriftsteller der DDR waren in ihrer Tätigkeit immer streng beschränkt, sie betrieben nach dem Ausdruck R. Dantons, „Planungsliteratur". Sie wurden von der Zensur bewacht[12]. Alle Etappen eines Literaturwerkes wurden kontrolliert, von der Entstehung bis zum Druck. In dieser Kette galt das „Druckgenehmigungsverfahren" als Anfang. Die DDR zählte insgesamt 78 Verlage, die volkseigen oder Organisationsverlage waren. Über diesen Zensurapparat waren sich die Autoren während des Schreibens bewusst: deshalb betrieben sie Selbstzensur. So beweisen es die Worte Christa Wolfs (1984):

„Immer wenn mich ein besonders starker, besonders hartnäckiger und zugleich diffuser Widerstand daran hindert, zu einem bestimmten Thema „etwas zu Papier zu bringen" – immer dann ist Angst am Werke, meist die Angst von weitgehenden Einsichten oder/und die Angst vor der Verletzung von Tabus"[13].

Um die Rolle der (Nach)zensur in der DDR zu erklären, ist *Nachdenken über Christa T.* ein anschauliches

---

[12] Vgl. Wolfgang Emmerich, *Kleine Literaturgeschichte der DDR*, S. 48-62.

[13] Ebd. S. 53.

Beispiel. In einem Brief Christa Wolfs an Herbert Wiesner (datiert vom 8. Februar 1991 in Berlin), anlässlich der Ausstellung *„Zensur in der DDR",* schreibt sie:

Ich möchte versuchen, Methode und Auswirkungen der Zensur an einem meiner Bücher möglichst schematisch zu skizzieren.[14]"

Daraus können wir folgendes entnehmen:

- Beendigung des Manuskriptes im März 1967.
- Im Juni 1967, im Mitteldeutschen Verlag Halle, liegen zwei Arbeitsgutachten vor, die für die Druckgenehmigung nötig waren.
- Dem Buch wurde die Gefahr einer ideologischen Desorientierung vorgeworfen und die Autorin wurde davor gewarnt, dass ihr Buch nicht veröffentlicht werden kann; „Obwohl die Autorin wahrscheinlich nach dem Scheitern ihres dritten Werkes kaum wieder produktiv sein wird, können wir das Manuskript nicht akzeptieren".
- Der Roman wurde vom Mitteldeutschen Verlag abgelehnt. Christa Wolf verlangt ein Gespräch mit dem Leiter des Fachgebietes „deutsche Gegenwartsliteratur". Die Einwände waren zahlreich. Christa Wolf erzählte es meistens als Anekdote: „Wir haben ihn bei uns nach Hause eingeladen. Er sollte sagen, was er gegen das

---

[14] *Dokumentation zu Nachdenken über Christa T.,* a.a.O., S. 25.

Manuskript hatte. Uns war es schon klar, aber er sollte Farbe bekennen. Und der kam auch wirklich – so familiär war es dann doch, wir kannten uns ja. Er hatte eine Liste von Änderungswünschen, die waren so tiefgreifend, - es war unmöglich, sich darauf einzulassen. Er meinte, es müsse jemand neben Christa T. stehen, der kritisierte, dass sie so ist, wie sie ist: jemand, der das „objektive Gegenlicht der Gesellschaft" darstelle. Ich dachte, ich hör nicht recht. Es ging hin und her, und da erlebte ich einen der wenigen, aber wirkungsvollen Auftritte Gerhards. Er sprang auf und schrie unseren „Freund" an: Er solle sich mal überlegen, was das für ein Manuskript sei, das er da verbieten wolle. Er hat einfach Verschiedenes gebrüllt und sich dann wieder hingesetzt. Das hat Wirkung gehabt. Er sagte, er werde sich das Manuskript noch mal angucken, aber irgendwas müsste ich schon noch dran machen."

- Christa Wolf schrieb dann noch ein Kapitel dazu (das neunzehnte Kapitel).

- Es folgen 1968, zwei weitere „Aussengutachten".

- Die Druckgenehmigung wurde erteilt: für den 31. März 1969 war die erste Auflage von 10 000 Exemplaren vorgesehen.

- Im Dezember 1968 wird der Fertigungsprozess des Buches unterbrochen. Im Parteiapparat kam Polemik auf.

- Im Mai 1969 erschienen Artikel und Rezensionen, die sich meistens vom Buch distanzierten. Diese Rezensionen werden Christa Wolf vom Zentralkomitee der SED vorgehalten; sie sollte ihre Kandidatur zurückziehen. Dazu kam es nicht.

- Im Luchterhand Verlag erschien *Christa T.*

- Auf dem Schriftstellerkongress im Mai 1969 wurden absurderweise, etwa hundert Exemplare des Buches verkauft, auf dem Hauptreferat wurde es aber scharf kritisiert. Doch, dann gab der Kulturminister doch die Erlaubnis, das Buch auszuliefern.

- 1972 erfolgt die zweite Auflage.

- Die Auslandsrechte werden vom Mitteldeutschen Verlag angenommen.

- Zwei Dozentinnen der Humboldt Universität in Berlin, wurden von ihrer Stelle gemassregelt, weil sie eine positive Einschätzung des Buches gaben. Die eine musste sich für ein Jahr in Bitterfeld mit „Kulturarbeit" beschäftigen, und die zweite musste die Universität verlassen. Christa Wolf nahm sie als ihre Lektorin im Aufbau Verlag.

Zur Zensurproblematik zog Christa Wolf in einer ihrer Rede auf dem Ausserordentlichen Schriftstellerkongress der DDR, im März 1990, eine Art Fazit[15]. Mit einem Heine-Zitat leitet sie ihre Rede ein: „Wie soll ein Mensch ohne Zensur schreiben, der immer unter Zensur gelebt hat?" Diese Frage bleibt offen.

---

[15] *Heine, die Zensur und wir.* Rede auf dem Außergewöhnlichen Schriftstellerkongress der DDR. Gehalten am 3. März 1990. In: Christa Wolf, *Im Dialog. Aktuelle Texte,* a.a.O., S. 163-168.

# EINE AUTORIN IM VEREINIGUNGSPROZESS

In den Jahren der « Wende » hat Christa Wolf zu den Entwicklungen in der DDR vielfache Stellung genommen. Ihre Beiträge, Reden und Gespräche verdeutlichen Stationen im Prozess der gesellschaftlichen Umwälzungen dieser Epoche, wenn eine Gesellschaft „in den Zeitraffer" gerät. Im April 1990 hat Christa Wolf einige ihrer Texte zu dieser Zeit veröffentlicht – unter dem Titel *Im Dialog. Aktuelle Texte*[16]. Im Prolog dieser Textsammlung äussert sie sich über die Ereignisse des Herbstes 1989: „Schon wahr: Die da mitgegangen sind, haben Geschichte gemacht." Ferner schreibt Christa Wolf: "Ich befehle mit einer subjektiven Chronik der jüngst vergangenen Ereignisse". So können wir uns ein Bild von einer Autorin vorstellen, die im Vereinigungsprozess eine äusserst bedeutende Rolle einnahm.

Am 31. August 1989, hielt Christa Wolf eine Rede in der Westberliner Akademie der Künste. Diese Rede war zum fünfzigsten Jahrestag des deutschen Überfalls auf Polen gedacht, aber Christa Wolf bestand darauf, in dieser Ansprache, die wachsenden Widersprüche in der DDR zu benennen.

---

[16] Vgl. dazu: Christa Wolf, *Im Dialog, Aktuelle Texte*, a.a.O ; die Zitate sind aus dem Prolog *Nachtrag zu einem Herbst*, S.7-16.

Im September 1989, nimmt die Zahl der Flüchtlinge aus der DDR immer mehr zu. Am 11. September, findet am Ende einer Friedensandacht, in der Nikolaikirche in Leipzig, eine grosse Demonstration statt. In den grossen Städten Deutschlands kamen die ersten revolutionären Demonstrationen auf. Jede Woche versammeln sich, in der Nikolaikirche in Leipzig, Tausende von Demonstranten im Namen des *Neuen Forums*. Unter den Demonstranten, lassen sich zwei Haltungen bestimmen, einige wollen das Land verlassen, und andere wollen, im Gegenteil, die Anerkennung der Bürgerrechte im Land fördern. Ihre Losungen verdeutlichen es: „Wir bleiben hier", „Wir wollen raus". In diesem Zusammenhang, bilden sich mehrere Bürgerbewegungen wie *Demokratische Erneuerung, Demokratie Jetzt...*

„Den ganzen September über, wuchs unsere Sorge vor einer gewalttätigen Konfrontation der lernunfähigen Staatsmacht mit den Gruppen von Menschen, die sich schon lange sammelten, die nun begannen, sich zur Opposition zu formieren und auf die Strasse zu gehen", berichtet Christa Wolf. Anfang Oktober werden weitere Demonstrationen organisiert, für die Einführung von Reformen in der DDR. An diesem Datum stören diese Demonstrationen beim vierzigsten Jahrestag der DDR-Gründung.

Lassen wir Christa Wolf sprechen: „Der vierzigste Jahrestag der DDR stand im Haus- mit internationaler Beteiligung und grosser Tamtam. Berlin war noch stärker und auffälliger abgesichert als sonst bei ähnlichen Anlässen. Die Spannung wuchs spürbar". „Die Autorin berichtet weiter- in der Nacht vom 7. Oktober sind um die Gethsemanekirche in Berlin Absperrungen durch Polizeiketten aufgestellt worden, nachdem es in der Innenstadt zu Straßenschlachten gekommen war. Am 8. Oktober befinden sich erneut Leute vor der Gethsemanekirche. Dies bemerkt die Autorin, als sie sich beim Polizeipräsidium nach dem Verbleib ihrer Tochter erkundigen möchte, die in der Nacht, wie viele andere Demonstranten, festgenommen wurde.

Am gleichen Tag, führt Christa Wolf ein Gespräch mit dem Literaturwissenschaftler Gerhard Rein in Westberlin und dieses Gespräch wird am gleichen Abend im Deutschlandfunk gesendet. Am entscheidenden 9. Oktober, an dem eine genehmigte Grossdemonstration von 70 000 Menschen in Leipzig geplant ist, befindet sich Christa Wolf in Moskau. Alle Leute sind auf das Schlimmste gefasst, doch erstmals halten sich die Sicherheitskräfte gegenüber den Demonstranten zurück: „Erleichterung ja, die habe ich erfahren, unvergesslich am späten Abend des 9. Oktobers in meinem Moskauer Hotelzimmer, als ich, auf das Schlimmste gefasst, nach Leipzig fragte, durchs Telefon die Antwort bekam: Hunderttausend Demonstranten auf der Strasse, und nichts ist passiert. Ein Augenblick reines Glückes", erzählt Christa Wolf. Diese Demonstrationen versuchen, bei der Regierung eine Reaktion hervorzubringen, das

Volk übt seinen Druck aus. "Es wäre eine eigene Untersuchung wert, was eigentlich vor und nach der sogenannten Wende vielen Bürgern in der DDR das Selbstwertgefühl, ihren Stolz, ihre Würde, reduziert oder genommen hat. „Wir sind das Volk" – ein kurzer, geschichtlicher Augenblick, in dem das Volk, seiner Identität anscheinend gewiss, souverän und Subjekt seiner eigenen Geschichte war. „Wir sind *ein* Volk!", wäre das wirklich die Steigerungsform?". Mit dieser offenen Frage, greift Christa Wolf die Worte einer bekannten Losung des Herbstes 1989 auf. Am 4. November demonstrieren auf dem Alexanderplatz in Berlin Tausende von Menschen für Pressefreiheit und freie Wahlen. „Mein Name stand schon auf einer Rednerliste, ich sollte über „Sprache der Wende" sprechen, begann also, Sprüche und Losungen von den Bekundungen der Strasse zu sammeln (bei der Gelegenheit: auch der „Wendehals" ist nicht meine Erfindung), sorgte mich um den friedlichen Ablauf der Demonstrationen". In dieser Rede auf dem Alexanderplatz, erklärte Christa Wolf: „Unglaubliche Wandlungen. Das „Staatsvolk der DDR" geht auf die Strasse, um sich als –Volk zu erkennen. Und dies ist für mich der wichtigste Satz dieser letzten Wochen – der tausendfache Ruf: Wir – sind – das – Volk!

Eine schlichte Feststellung. Die wollen wir nicht vergessen[17]."

Diese Losung, die Christa Wolf hier in die Mitte rückt, enthält etwas Paradoxes. Die DDR ist eine demokratische Republik und das Volk muss gerade seine Souveränität behaupten. Die DDR ist eine demokratische Republik und das Volk muss gerade seine Souveränität behaupten. Die 1974 revidierte Verfassung der DDR stipuliert:

Artikel 6: „Die deutsche Demokratische Republik hat getreu der Interessen des Volkes und der internationalen Verpflichtungen auf ihrem Gebiet den deutschen Militarismus und Nazismus ausgerottet [...]"[18]

Am 21. November hält Christa Wolf eine Vorlesung an der Universität Leipzig, die sie mit folgenden Worten beendet: „Der Fortgang der revolutionären Veränderungen in unserem Land sei ja, wie (sie) wüsste, bei den Leipzigern in guten Händen".

Diese Anstösse bringen Christa Wolf dazu, am 26. November, an dem Aufruf *Für unser Land* mitzuarbeiten. Seit der Öffnung der Mauer ist bei den Massendemonstrationen ein deutlicher Wandel zu verspüren. Dieser Wandel stimmt zugunsten einer

---

[17] Vgl. *Sprache der Wende. Rede auf dem Alexanderplatz.* In: *Christa Wolf im Dialog*, Luchterhand, S.119-121.
[18] Dieter Grosser, Stephan Bierling und Beate Neuss (Hrsg.): *Deutsche Geschichte in Quellen und Darstellung.* Bd. 11, *Bundesrepublik und DDR 1969-1990*, Stuttgart, 1996, S. 223.

Vereinigung beider deutschen Staaten. Mit dem Appel *Für unser Land* distanzierten sich führende Intellektuelle der DDR, unter anderem Christa Wolf, Stephan Heym und versuchen die Wiedervereinigung abzuwenden. In diesem Appel wird eine Reform gefordert und keinerlei Abschaffung des Systems. Doch Christa Wolf gesteht:"Es war zu spät. Am gleichen Abend verkündete der Bundeskanzler sein 10-Punkte Programm zur deutschen Wiedervereinigung – dies hatten wir nicht voraussehen können."

Die Stimmung verändert sich. „- ein Indikator für den Stimmungs- und Meinungsumschlag, der dann in anderen Städten folgte: „Deutschland einig Vaterland" unterstreicht Christa Wolf. Die Annährung beider Staaten wird immer deutlicher. Die gerade erwähnte Losung nimmt Worte aus der DDR-Hymne von Johannes R. Becher wieder auf.

Ivan Nagel schreibt in einem Artikel der *Süddeutschen Zeitung,* einige Bemerkungen über die Wirkung dieser Losungen, die ich zum Schluss dieses Abschnittes angebracht finde:

„*Wir* sind das Volk": Dieser zum Lachen und Weinen schönste (intellektuellste) Witz der deutschen Geschichte war keine Verherrlichung des Wortes „Volk" – sondern zunächst dessen heiter tödliche Destruktion. Sie traf die Bonzen, die in lauter „Volksrepubliken" (in ihrer „Demokratischen Republik") jenes Wort tausendmal gefeiert, geschändet hatten. Noch am 11. Oktober 1989 wurde er vom Politbüro der SED usurpiert: „Das Volk der Deutschen Demokratischen Republik hat sich für immer für den Sozialismus entschieden". (...)

Erst in „Wir sind *ein* Volk" wurde „das Volk" verherrlicht, verherrlichte es sich selbst."[19]

---

[19] *Süddeutsche Zeitung, 22./23. Dezember 1990.*

# Entre souvenirs d'enfance et temps présent : le récit *August* de Christa Wolf

Cette contribution se propose de mener une analyse sommaire du texte *August,* récit posthume de Christa Wolf, paru en 2012. Comme l'explique une lettre de l'écrivain, reproduite à la fin de ce récit bref - comptant environ une quarantaine de pages -, Christa Wolf acheva son écriture en juillet 2011, puis l'offrit à son mari, l'écrivain et éditeur Gerhard Wolf, à l'occasion de leurs soixante années de mariage. Le récit relate les souvenirs d'enfance d'un personnage fictif, se nommant August. Le narrateur le présente au lecteur à l'âge adulte. Orphelin de guerre, il raconte ses souvenirs et son vécu dans un hôpital, où furent soignés les malades atteints de tuberculose. Une lecture de ce récit peut ainsi s'effectuer à trois niveaux : le vécu de guerre, le séjour à l'hôpital, l'évolution du narrateur jusqu'à l'âge adulte à la lumière des autres personnages.

1) Vécu de guerre et expérience autobiographique
   a) Réapparition d'un personnage du roman
      *Trame d'enfance*

Le personnage d'August n'est pas inconnu au lecteur de l'œuvre de Christa Wolf. En effet, il est déjà présent dans le roman *Trame d'enfance*, paru en 1976. Trente-cinq ans plus tard, l'auteur nous replonge dans le destin de ce personnage, évoqué dans les ultimes pages, à la fin du dernier chapitre du roman *Trame d'enfance*. Sa description n'y occupe qu'une vingtaine de lignes. On y apprend qu'August est un enfant de dix ans, originaire des environs de Pillkallen en Prusse Orientale. Le narrateur ajoute aussi que ses yeux sont bruns et que son orthographe est médiocre, alors que Nelly lui a appris à lire et à écrire. Nelly est une jeune-fille de 17 ans, qui est malade de la tuberculose après la seconde guerre mondiale. Le personnage de Nelly porte des traits autobiographiques de Christa Wolf, qui fut elle-aussi atteinte de tuberculose après la guerre. Tout comme August et Nelly, elle est hospitalisée dans un sanatorium dans le Mecklenburg, une région allemande. Cette situation se reproduit également dans le récit *August*, toutefois avec quelques changements de nom des personnages, qui gardent le même état d'esprit.

2)      Le séjour au sanatorium

Le lieu central de la nouvelle *August* est le sanatorium. Pour décrypter le lieu, nous pouvons explorer la biographie de Christa Wolf. Ayant été elle-même dans un sanatorium après la guerre, elle s'en est inspirée pour écrire le texte. Cette hypothèse est confirmée par le journal *Ostsee Zeitung*, dans son article du 9 octobre 2012[20]. Le sanatorium décrit dans la nouvelle est donc celui du château de Kalkhorst. Depuis 2009, des visites guidées y sont organisées, ayant pour thème : « Visite guidée littéraire : sur les traces de Christa Wolf »[21]. Dans le roman *Trame d'enfance*, le lieu fictif du sanatorium est mentionné sous le nom de Winkelhorst.

a) L'organisation du sanatorium et les personnages

Le lieu est  un ancien château, qui, au moment de l'intrigue, a été déserté par son ancien propriétaire, qui a pris la fuite devant les Russes, avant la seconde guerre mondiale.

Le château a été transformé en hôpital après la Seconde Guerre Mondiale, pour y accueillir les personnes atteintes de tuberculose. August, orphelin, est accueilli par une femme âgée, travaillant pour la Croix Rouge. Puis, comme tous les malades, il fut vu par un vieux médecin, qui l'ausculta longuement. Il en vînt finalement à la

---

[20] *Christa Wolf und die Mottenburg*. In *Ostsee Zeitung*, 9 octobre 2012. Christa Wolf se serait renseignée auprès de l'actuel propriétaire, si elle pouvait visiter le château de Kalkhorst dans le Mecklembourg, qui aujourd'hui est transformé en hôtel. (Voir le site : www.schloss-kalkhorst.de).

[21] Le lecteur trouvera plus de détails sur la page Internet du château de Kalkhorst. Site consulté le 29.09.2013.

conclusion, qu'August était atteint de la maladie « habituelle », la tuberculose. Puis, il découvrit la pièce collective réservée aux hommes, nommée « la chambre des hommes ». Les femmes étaient dans un dortoir séparé.

## b) Le personnage de Trude

Dans le récit, August évoque sa femme Trude. En relevant de façon linéaire les détails rapportés, nous pouvons reconstituer sa biographie. Celle-ci reflète les aspirations d'une femme de RDA, issue d'un milieu modeste. En décrivant de tels personnages (August, Trude…), Christa Wolf a voulu mettre en avant « la force des faibles » comme Anna Seghers.

Dans ce triste contexte du sanatorium, les chants avaient une place de choix. August s'en souvient encore, lorsque les passagers du bus de tourisme, dont il a la responsabilité, entonnent des chants populaires.
C'est, dans ce contexte, que le personnage de Trude, la femme d'August, est évoqué. Trude n'a jamais chanté[22].
Trude est un personnage qui sert de point d'ancrage à August, et permet de le caractériser. Ainsi, un peu plus tard dans le récit, August se souvient que Trude disait qu'il avait une patience angélique. Par la suite, nous

---

[22] Christa Wolf, *August*, Berlin, Editions Suhrkamp, 2012, p. 12.

apprenons qu'August et Trude n'avaient célébré qu'un mariage civil, car ils n'étaient pas croyants. Ils sont parfois partis en excursion dans le Spreewald, mais ils ont, le plus souvent, passé leurs vacances sur leur balcon. Trude l'avait fleuri. Elle n'était pas exigeante, elle avait déclaré à propos d'August : « Du bist ein genügsamer Mensch »[23].

Ainsi, August s'adapte aux règles et attentes de la société est-allemande, ainsi qu'à celles de sa femme.

C'est ce qu'il fit, lors de leur première rencontre, dans le magasin, où Trude était caissière. Bien que Trude fût une femme indépendante, ayant un métier, c'est August qui l'aida à préparer le dîner[24].

Trude rêvait de s'installer en ville, à Berlin. August, quant à lui, préférait la vie rurale.

Trude, qui ne chantait jamais, a pourtant fredonné durant les travaux culinaires la chanson « Gartenhaus » (Maison de jardin ». Ainsi, elle voulait marquer sa résignation et son opposition à la vie à la campagne. Trude et August n'avaient pas d'enfants. Cela allait de soi, depuis le début de leur relation. Celle-ci resta platonique : un regard avait suffit et Trude semblait s'être mariée, non pas par amour, mais parce qu'August est un homme raisonnable[25].

---

[23] *August, ibid.* p. 21. "Tu es une personne qui se contente de peu" (Traduit par nous).

[24] *August, ibid.,* p. 26-27.

[25] *August, ibid.,* p.30-31.

Finalement, ils firent un voyage de noces de Vienne à Passau en croisière[26].

August restera soumis envers sa femme jusqu'à son décès. Celle-ci est d'avis, qu'il ne s'en sortira pas sans elle, si elle devait mourir avant lui. Elle s'occupait des écrits administratifs, car August ne maîtrisait pas bien l'orthographe. Elle aurait été favorable, qu'il soit mis sous tutelle[27]. Mais August est persévérant et courageux et a su trouver sa voie, à la découverte de lui-même.

c) L'évolution d'August : entre souvenir et temps présent

Tout au long du récit, le narrateur alterne entre description du passé du personnage d'August et évocation de sa situation dans le présent. Le récit s'ouvre par le souvenir d'un bombardement, durant lequel, August, encore jeune enfant, a perdu sa mère. Puis, il est recueilli dans un ancien château, transformé en sanatorium, pour les malades atteints de tuberculose[28]. Les promenades au parc étaient donc fréquentes.

Dans ce contexte, le narrateur insiste sur le fait que, pour August, les saisons n'étaient pas aussi belles au sanatorium que dans son village natal. Le narrateur affirme aussi, qu'August ne savait définir ce que signifiait le mal du pays, en pensant aux saisons.

---

[26] *August, ibid.* p. 35.

[27] *August, ibid.* p. 35.

[28] Voir le paragraphe précédent de notre contribution.

Ceci est un indice, montrant que la description de la nature chez Christa Wolf, sert souvent de medium pour exprimer des ressentis. Ainsi, lorsqu'August se souvient de son village, c'est toujours l'été[29].

August repense aux saisons au volant de son bus. Nous apprenons en effet, qu'il est devenu conducteur de bus de tourisme. Il transporte des personnes âgées, ayant lui-même atteint l'âge de la retraite. En entendant les chansons populaires entonnées par ses passagers, August se souvient que les chants jouaient un grand rôle au sanatorium. Lilo, jeune-fille de quinze ans, elle-même malade, s'occupait des plus jeunes et chantait une chanson ou racontait une histoire, avant le coucher.

Les chants et les contes font partie du patrimoine populaire allemand et représentait l'espoir, durant les sombres années de guerre.

Au sanatorium, Lilo incarnait une seconde mère protectrice pour August. Il était d'ailleurs jaloux des autres enfants. Lors du décès d'un enfant malade, Lilo est triste, mais en même temps, August est heureux, car il est très proche de Lilo. Lilo lui apprendra à lire. Après sa rémission, Lila quitta le sanatorium et ne revit plus jamais August.

Après sa guérison, celui-ci passa quelques années à l'orphelinat, puis entreprit un apprentissage de serrurier. De ces années-là, August a le souvenir d'une vie en communauté, où il fallait faire ce que les autres

---

[29] *August, ibid.* p.8.

attendaient, le régime est-allemand et la société imposaient. Puis, il travailla dans un VEB (une entreprise appartenant à l'Etat et au peuple)[30]. Un jour, il devait remplacer un collègue malade, qui était chauffeur routier. Le narrateur précise que c'est la première fois que quelque chose a plu à August. Et il décida, par lui-même, de préparer le permis poids lourd. Ce n'était pas la société qui lui imposa. Plus tard, August se maria avec Trude, uniquement par un mariage civil. Leur relation fut placée sous le signe de la retenue.

Cette relation prit fin avec la mort de Trude. Depuis, August se résigna très modestement.

d) Entre résignation et espoir

La fin du récit démontre la résignation d'August après le décès de sa femme. Se sentant seul, il éprouve toujours une appréhension à franchir la porte de son appartement, au retour de son travail. Il ne peut pas s'accoutumer à la solitude, mais s'y résigne. Il n'est toujours pas capable d'exprimer ce qu'il ressent. Mais, il est certain d'avoir eu de la chance dans sa vie, c'est ce qui lui permet d'avancer. Il a, en effet, eu la chance d'avoir rencontré Lilo dans son malheur.

Cette notion de chance, Christa Wolf l'évoque dans une lettre manuscrite, reproduite à la fin du récit. Celle-ci est

---

[30] VEB= Volkseigener Betrieb (Entreprise appartenant à l'Etat de RDA).

adressée à son mari, Gerhard Wolf, et est datée du 28.07.2011. Christa Wolf évoque cette chance d'avoir vécu si longtemps avec son mari durant toute sa vie.

e) Le personnage de Lilo

Comme évoqué précédemment, Lilo est une jeune-fille atteinte de tuberculose[31], ce qui justifie sa présence au château de la Mottenburg. Elle vient en aide au personnel soignant, on lui a appris à interpréter les résultats des analyses sanguines. Elle prend aussi la défense des patientes, lorsque l'infirmière en chef ne veut plus tolérer que le pain soit grillé dans la chambre. Et enfin, Lilo s'occupe des enfants malades comme elle. Au coucher, elle les borde ou leur chante des chansons, leur raconte des histoires. Pour August et les autres enfants, Lilo a, en quelque sorte, le rôle d'une seconde mère. August accepte très mal, qu'il ne soit pas le seul à être aidé par Lilo. En ce sens, il perçoit les autres comme des rivaux.

Enfin, Lilo a sauvé la vie d'Ede, ce petit garçon souffrant de troubles du comportement. En effet, pour cause de manque de personnel, Lilo a également assisté l'instituteur dans l'apprentissage de la lecture ou de l'orthographe, car le château-hôpital faisait aussi office d'école, par manque de locaux appropriés disponibles.

---

[31] Dans le roman *Trame d'enfance,* le personnage de Nelly est presque identique à Lilo.

Les enfants de la commune y rejoignaient les pensionnaires du château.

Dans ce contexte, alors que l'instituteur rendait une dictée, qu'Ede avait très mal réussie, celui-ci menaça de se suicider, en se jetant par-dessus la rambarde. Avec beaucoup de tact, Lilo réussit à convaincre Ede d'y renoncer et à le faire revenir en classe.

Lilo et August sont les seuls personnages de l'histoire, pour lesquels, une rémission de la maladie sera annoncée. Néanmoins, August ne reverra jamais Lilo par la suite. Son seul souvenir remonte à l'époque d'après-guerre, il se souvient avoir vu Lilo, quitter le sanatorium en ambulance, avec son châle.

f) Les autres personnages

Pour August, le personnage de Monsieur Grigoleit est comme un second père. De plus, il est également originaire de Prusse orientale.
Des personnages du roman *Trame d'enfance,* que Christa Wolf a publié en 1976, sont récurrents dans le récit August.

# Annexe : Liste des personnages du récit *August*

| | |
|---|---|
| August<br>Son père, soldat, porté disparu<br>Sa mère, décédée, portée disparue | Personnage principal, enfant atteint de tuberculose, qui deviendra plus tard chauffeur de bus |
| Femme de la Croix-Rouge | S'occupant des orphelins au sanatorium |
| Madame Niedlich | La voisine de la mère d'August |
| Le vieux médecin de B. | |
| L'infirmière Erika | Responsable de la salle des patients hommes |
| Monsieur Grigoleit | Originaire de Prusse orientale |
| Lilo | Jeune fille malade de la tuberculose, personnage central du récit |
| Ingelore et Annelise | Enfants<br>Ingelore est l'amie intime de Lilo |
| Klaus et Ede | Autres jeunes enfants |

| L'infirmière en chef Et Ilse | Ilse est infirmière en formation |
|---|---|
| Madame Richter | Patiente |
| Les passagers du bus d'August | En majorité des personnages âgées, dont Monsieur Walter, qui dirige l'orchestre |
| Gabi | Patiente atteinte de tuberculose |
| Trude | Femme d'August |
| Madame Wittowski | Mère de Klaus et Annelise |
| Mademoiselle Schnell | Patiente atteinte de tuberculose (personnage également présent dans le roman *Trame d'enfance*. |
| Hannelore (Hannelörchen) | Jeune patiente atteinte de tuberculose |
| Harry | |
| Karle | Concierge |

# Conclusion

*August* est un récit à forte consonance autobiographique. Lilo est un personnage autobiographique, tout comme August, qui incarne le vécu de personnes de la génération de Christa Wolf. Lilo incarne le vécu de Christa Wolf, durant les années 1946-47. Le personnage reprend également la problématique de la « chance », que Christa Wolf évoque dans sa lettre à Gerhard Wolf, reproduite à la fin du récit. Le journaliste Jörg Magenau, auteur d'une biographie de Christa Wolf en 2002[32], avait déjà rapporté que la période de maladie après la guerre, avait permis à Christa Wolf, d'entreprendre des lectures de poèmes de Goethe et d'autres auteurs. Elle aurait ainsi commencé à écrire des manuscrits, textes, extraits de journaux intimes. Dans les textes datant de cette époque, elle aurait évoqué la thématique de la « chance »[33]. Dans cette perspective, la maladie de la tuberculose, peut être perçue comme une chance, un temps de répit, de réflexion et de remise en question de soi, pour mieux se connaître.

---

[32] Voir notamment l'ouvrage suivant: Jörg Magenau, *Christa Wolf, Eine Biographie,* Berlin, Kindler Verlag, 2002, p. 40.

[33] Le terme allemand de *Glück*, qui est évoqué dans le texte de Christa Wolf, est peut être plus évocateur que sa traduction française par le terme *chance*.

# PISTES POUR LA PREPARATION AUX EXAMENS D'ALLEMAND NIVEAU B2/C1

## PISTES POUR LA PREPARATION AUX EXAMENS D'ALLEMAND NIVEAU B2/C1

Durant mon activité de formation, j'ai pu exploiter ces diverses pistes. Je souhaite les faire partager en vue de les intégrer dans un travail de préparation des candidats aux examens. Cela permet aussi de découvrir l'œuvre de Christa Wolf sous une autre facette grâce à un parcours thématique. Cette liste sera complétée ultérieurement.

1) Thème 1 : L'environnement cf. le récit de Christa Wolf *Störfall (Incident)* en 1987 ;

### Exercice oral pour l'examen d'allemand niveau C1

Heutzutage wird immer mehr Solarenergie und Windenergie entwickelt. In fast jeder Stadt müssen die Bewohner die Müllsichtung berücksichtigen. Das ist ein wichtiger Schritt für die Umwelt und für unsere Zukunft.

- Wie ist die Situation in Ihrem Land?
- Berichten Sie über Ihre eigene Erfahrung
- Nennen Sie Argumente für die wiederverwendbare Energien

- Erwähnen Sie Gegenargumente
- Ihre eigene Meinung


2) Thème 2 : Document pour la compréhension orale
Les années 1968 à l'Est et l'Ouest

http://www.bpb.de/themen/RP584K,0,Die_Hoffnung_stir
bt_zuletzt.html

3) Thème 3 : Choix d'images pour un magazine (pour
l'examen Goethe Zertifikat B2). Dauer : ca. 6 Minuten

a) Sie schreiben einen Artikel über die Geschichte der
DDR. Sie müssen es illustrieren. Sie haben folgende
Wahl: einen Trabi, ein Auto aus der DDR,
http://handwerk.com/tatort-geschichte/150/39/27309/
eine Demonstration im Jahre 1989
http://www.tagesspiegel.de/mediacenter/fotostrecken/kult
ur/bildergalerie-christa-wolf-eine-grosse-deutsche-
schriftstellerin/5908886.html das Brandenburger Tor :
http://www.berlin-platz.de/archives/104393803-
Brandenburger-Tor.html
Sprechen Sie mit ihrem Kurspartner und kommen Sie zu
einer Entscheidung.


b) Sie schreiben einen Artikel zum Thema „Die Natur in
Deutschland". Wählen Sie zur Illustration ein Bild aus

Christa Wolfs Buch *Nuancen von grün,* Aufbau Verlag, Berlin, 2002.

4) Thème 4: Christa Wolf et la lecture
Informieren Sie Ihre Gesprächspartnerin/ Gesprächspartner über den Inhalt des folgenden Texauszuges. Nehmen Sie kurz Stellung.
- Was ist der Inhalt?
- Fallen Ihnen einige Beispiele dazu ein?
- Welche Meinung haben Sie zu diesem Thema?

Leisten wir uns ein Gedankenexperiment. Eine Kraft, nicht näher zu bezeichnen, lösche durch Zauberschlag jede Spur aus, die sich durch Lesen von Prosabüchern in meinem Kopf eingegraben hat.
Was würde mir fehlen?
Die Antwort ist nicht nur mörderisch; sie ist auch unmöglich. Wenn einer sie geben könnte, wüßte man Genaueres über die Wirkungen von Literatur (…)Nicht nur meine Vergangenheit ist mit einem Schlag geändert: meine Gegenwart ist dieselbe nicht mehr. Nun bleibt das Letzte zu tun: auch die Zukunft zu opfern. Ich werde niemals ein Buch lesen. Der Schrecken, der in diesem Satz steckt, berührt mich, den Nicht-Leser, nicht.
Denn ich, ohne Bücher, bin nicht ich.

(Christa Wolf: Lesen und Schreiben. In: dies.: Die Dimension des Autors. Essays und Aufsätze,
Reden und Gespräche 1959-1985, Band 2. Berlin und Weimar 1989, S. 17-22; Orthographie entsprechend dieser Ausgabe)

3) Thème 5 : Biographie de Christa Wolf

Zur Biografie von Christa Wolf

Füllen Sie die Lücken des zweiten Briefes aus. Sie können dazu Informationen aus dem ersten Brief verwenden. Schreiben Sie während der Prüfung, Ihre Lösungen auf dem Antwortbogen. In jede Lücke passen ein oder zwei Wörter.

Dauer: 15 Minuten

Liebe Anne,

ich hoffe es geht Dir gut. Nun bin ich in Urlaub, aber ich muss noch Briefe beantworten und Texte übersetzen. Neuerdings, hat mir eine Person nach den biografischen Daten der Schriftstellerin Christa Wolf gefragt. Kennst Du diese Autorin? Sie war sehr bekannt. Sie ist im Dezember 2011 gestorben und war 1929, in einem Dorf, im heutigen Polen geboren. Ich finde Ihr Werk sehr interessant. Nach dem Studium war sie Mitarbeiterin und Lektorin im Literaturbetrieb der DDR. Ihr Mann war Verleger. Sie hatten zwei Töchter. Christa Wolf schrieb Romane über die deutsche Teilung, die Vergangenheit, die Romantik und die Mythologie. Sie thematisierte auch die Atomkatastrophe von Tschernobyl. In ihrem letzten Roman, sowie in Tagebüchern berichtet sie über ihre Erfahrungen in Amerika. Sie starb im Jahre 2011.

Schreib bald.
Viele Grüsse.
Deine Martine

Schnell Martine
Autorin und Übersetzerin


Ihre Anfrage : Biografische Daten über Christa Wolf


Sehr geehrte Frau Müller,


Vielen Dank für Ihre_____.
Gerne beantworte ich Ihre _____.
Christa Wolf war eine_____
deutsche_____. Sie war in Landsberg-an-
der-Warthe im _____ Polen geboren. Sie
_____ Germanistik in Jena und Leipzig.
_____ arbeitete sie als_____ im
deutschen Schriftstellerverband in Berlin und als
_____ in Verlagen. Im Jahre 1951,
_____ sie mit Gerhard Wolf. Sie hatten
zwei_____, ihre _____ Tochter
Annette und ihre _____ Tochter Katrin. Im
Jahre 1963, _____ sie einen
_____über die deutsche Teilung
geschrieben. Danach_____ sie den
Roman *Nachdenken über Christa T.* Später, im Jahr

58

1976, schrieb sie auch einen grossen Roman über die_____, unter dem Titel *Kindheitsmuster.* Sie schrieb auch Bücher über die_____ (*Kassandra* und *Medea*). Nach der_____ von Tschernobyl, schrieb sie die Erzählung *Störfall.* Anfang der neunziger Jahre, ging sie nach _____ Sie veröffentliche auch ihre_____, darin stand, was sie jedes Jahr, am selben Datum, am jedem 27. September, _____ mehr als dreissig Jahre getan hat. Ihr letztes _____ *Stadt der Engel,* erzählt ihre Erfahrungen in den

_____.

Im Dezember 2011, _____ sie in Berlin.

# *Corrigé*

Sehr geehrte Frau Müller,

Vielen Dank für Ihre **Antwort**. Gerne beantworte ich Ihre **Anfrage**.
Christa Wolf war eine **bekannte** deutsche **Schriftstellerin**. Sie war in Landsberg-an-der-Warthe im **ehemaligen** Polen geboren. Sie **studierte** Germanistik in Jena und Leipzig. **Danach** arbeitete sie als **Mitarbeiterin** im deutschen Schriftstellerverband in Berlin und als **Lektorin** in Verlagen. Im Jahre 1951, **heiratete** sie mit Gerhard Wolf. Sie hatten zwei **Kinder**, ihre **erste** Tochter Annette und ihre **zweite** Tochter Katrin. Im Jahre 1963, **hat** sie einen **Roman** über die deutsche Teilung geschrieben. Danach **veröffentlichte** sie den Roman *Nachdenken über Christa T.* Später, im Jahr 1976, schrieb sie auch einen grossen Roman über die **Vergangenheit/Kindheit/Kriegszeit**, unter dem Titel *Kindheitsmuster*. Sie schrieb auch Bücher über die **Mythen** (*Kassandra* und *Medea*). Nach der **Katastrophe** von Tschernobyl, schrieb sie die Erzählung *Störfall*. Anfang der neunziger Jahre, ging sie nach **Amerika**. Sie veröffentliche auch ihre **Tagebücher**, darin stand, was sie jedes Jahr, am selben Datum, am jedem 27. September, **während** mehr als dreissig Jahre getan hat. Ihr letztes **Buch** *Stadt der Engel,* erzählt ihre Erfahrungen in den **Vereinigten Staaten/USA**.
Im Dezember 2011, **starb** sie in Berlin.

# BIBLIOGRAPHIE

# Bibliographie des ouvrages consultés

## Œuvres de Christa Wolf

Christa Wolf, *Nachdenken über Christa T.* 1968.
Christa Wolf, *Im Dialog,* 1991.
Christa Wolf, *August,* Berlin, Suhrkamp Verlag, 2012

## Autres ouvrages ou articles

Behn, Manfred (Ed), *Wirkungsgeschichte von Christa Wolfs „Nachdenken über Christa T.",* Königsstein, Athenäum, 1978.

Drescher Angela (Ed.) *Dokumentation zu „Nachdenken über Christa T.",* Munich, Luchterhand Literaturverlag, 1991.

Grosser Dieter, Bierling Stephan und Neuss Beate (Hrsg.): *Deutsche Geschichte in Quellen und Darstellung.* Bd. 11, *Bundesrepublik und DDR 1969-1990,* Reclam, Stuttgart, 1996.

Magenau, Jörg, *Christa Wolf, Eine Biographie,* Berlin, Kindler Verlag, 2002

Schnell, Martine, « Parcours-labyrinthes. Hans Mayer et Christa Wolf, vers une approche des évolutions psychologiques en RDA », CRELIANA, n° 6, «Babel – Labyrinthe. Destins (post-) modernes de deux mythes », 2006, Université de Mulhouse, p 193-198.

*Christa Wolf und die Mottenburg.* In *Ostsee Zeitung,* 9 octobre 2012.

Pour plus de détails bibliographiques, le lecteur peut consulter les notes de bas de pages de cet ouvrage.

---